GÂTEAUX VITE FAITS

KÖNEMANN

Gâteaux délicieux préparés en une seule terrine

Il existe plusieurs méthodes pour faire de la pâtisserie. Chaque chapitre de ce livre se consacre à une technique différente. Nous vous proposons une variété de gâteaux, de muffins et de pains rapides et faciles à faire.

Gâteau Victoria

Préparation : 10 minutes
Temps de cuisson : 20 minutes
Portions : 8 à 10

125 g de beurre en morceaux
1/2 tasse de sucre
3 œufs
1 tasse de farine
2 cuil. à café de levure
1 pincée de sel
1/2 tasse de confiture de fraises
Sucre glace

1. Préchauffer le four à 180 °C. Beurrer et chemiser de papier sulfurisé deux moules ronds de 20 cm.
2. Battre le beurre en crème avec le sucre au batteur électrique. Ajouter les œufs un à un tout en continuant de battre.
3. Ajouter les ingrédients secs tamisés. Remuer à vitesse réduite pendant 30 secondes, puis à vitesse élevée pendant 1 minute jusqu'à ce que le mélange soit homogène et crémeux.
4. Verser la préparation à quantité égale dans les deux moules, égaliser la surface. Mettre au four 20 minutes jusqu'à ce qu'un cure-dent, piqué dans la pâte, en ressorte propre. Démouler et laisser refroidir sur une grille.
5. Étendre la confiture entre les deux gâteaux. Saupoudrer légèrement de sucre glace avant de servir.

Note :
Pour obtenir une pâte plus légère, tamisez la farine au moins trois fois avant de la mélanger aux autres ingrédients. Il est préférable de manger ce gâteau le jour même de sa confection. Gardez-le au frais et à l'abri de l'humidité jusqu'à ce que vous le serviez.

Gâteau Victoria (en haut) et pain éclair (p. 4)

Pain éclair

Préparation : 8 minutes +
5 minutes de repos
Temps de cuisson :
40 minutes
Portions : 12

200 g de céréales de son
2/3 de tasse de lait chaud
1/2 tasse de pommes séchées hachées finement
1 tasse de fruits séchés mélangés
1/4 de tasse de graines de citrouille
2/3 de tasse de cassonade
3 œufs
1 cuil. à café d'épices mélangées
1/2 tasse de farine complète
1/2 cuil. à café de levure
1/4 cuil. à café de sel

1. Préchauffer le four à 190 °C. Beurrer et chemiser de papier sulfurisé un grand moule à pain de 23 x 13 cm.
2. Mélanger les céréales de son et le lait à la cuillère de bois dans une terrine. Laisser reposer 5 minutes jusqu'à ce que le lait soit presque entièrement absorbé.
3. Incorporer le mélange de céréales à tout le reste des ingrédients en se servant d'une cuillère de bois.
4. Verser dans le moule. Faire cuire au four 40 minutes jusqu'à ce qu'un cure-dent, piqué dans la pâte, en ressorte propre. Démouler le gâteau et laisser refroidir sur une grille. Couper et servir.

Note :
Ce gâteau peut se conserver jusqu'à trois jours dans une boîte hermétique.

Gâteau aux carottes et aux noix de pécan

Préparation : 15 minutes
Temps de cuisson :
40 minutes
Portions : 8

2 œufs
2 tasses de carottes râpées
2 cuil. à café de zeste d'orange râpé
2/3 de tasse de noix de pécan hachées
1/2 cuil. à café de cannelle moulue
1/3 de tasse de jus d'orange
1/2 tasse d'huile
2/3 de tasse de sucre
1 1/3 tasse de farine
1 cuil. à café de levure
1 pincée de sel

1. Préchauffer le four à 180 °C. Beurrer et chemiser de papier sulfurisé un moule carré de 20 cm.
2. Mélanger dans une terrine les œufs, les carottes, le zeste d'orange, les noix de pécan, la cannelle, le jus, l'huile et le sucre avec une cuillère de bois.
3. Tamiser la farine, la levure et le sel. Les incorporer au mélange précédent à la cuillère de bois jusqu'à consistance homogène.
4. Verser dans le moule et égaliser la surface. Mettre au four pendant 45 minutes jusqu'à ce qu'un cure-dent, piqué dans la pâte, en ressorte propre. Démouler et laisser refroidir sur une grille. Servir chaud ou froid.

Note : Le cas échéant, décorer avec le glaçage au fromage et au miel (p. 63) et des noix de pécan hachées.

Muffins aux pépites de chocolat

Préparation : 10 minutes
Temps de cuisson :
15 à 20 minutes
Portions : 12 muffins

2 tasses de farine
2 cuil. à café de levure
1 pincée de sel
1/2 tasse de sucre
120 g de chocolat râpé
2 œufs
2 cuil. à café d'essence de vanille
75 g de beurre
1 tasse de crème fraîche
100 g de chocolat noir, coupé en 4 carrés
2 cuil. à soupe de pépites de chocolat

1. Préchauffer le four à 180 °C. Beurrer 12 moules à muffins d'une capacité de 1/2 tasse chacun.
2. Mélanger la farine, la levure, le sel, le sucre et les grains de chocolat dans une terrine. Ajouter les œufs, l'essence de vanille, le beurre fondu et la crème fraîche.

Gâteau aux carottes et aux noix de pécan (en haut), muffin aux pépites de chocolat

Remuer au batteur électrique jusqu'à ce que le tout soit homogène.
3. Verser la moitié de la préparation dans les moules. Déposer un morceau de chocolat au centre de chaque muffin et verser le reste de la préparation par-dessus.

4. Répartir les pépites de chocolat sur le dessus des muffins. Mettre au four de 15 à 20 minutes jusqu'à ce que ceux-ci soient cuits et légèrement colorés. Servir chaud de préférence.

Gâteau léger citronné

Préparation : 10 minutes
Temps de cuisson :
30 minutes
Portions : 8

3 œufs
1/2 tasse de cassonade
2 cuil. à café de zeste de citron râpé
1 tasse de farine
1 cuil. à café de levure
1 pincée de sel
30 g de beurre fondu
1/2 tasse de fromage frais léger, ramolli
2 cuil. à soupe de sucre
2 cuil. à soupe de jus de citron
Sucre glace

1. Préchauffer le four à 180 °C. Beurrer et chemiser de papier sulfurisé un moule rond de 20 cm et profond.
2. Battre dans une terrine les œufs, le sucre et le zeste de citron jusqu'à ce que le mélange soit pâle, épais et lustré. Tamiser la farine, la levure et le sel. Incorporer à la préparation précédente en ajoutant le beurre fondu. Mélanger rapidement avec une cuillère en métal jusqu'à ce que le tout soit lisse.
3. Verser dans le moule. Faire cuire au four pendant 30 minutes jusqu'à ce qu'un cure-dent, piqué dans la pâte, en ressorte propre. Démouler et laisser refroidir.
4. Couper le gâteau en deux horizontalement. Battre le fromage frais, le sucre et le jus de citron. Étaler la masse de fromage sur une moitié du gâteau. Recouvrir de l'autre moitié. Saupoudrer de sucre glace.

Carrés aux dattes et aux noix

Préparation : 10 minutes
Temps de cuisson :
35 minutes
Portions : 6

130 g de noix hachées finement
150 g de dattes hachées finement
1/3 de tasse de cassonade
2 œufs
1/3 de tasse d'huile
1/2 tasse de yaourt nature
1 1/2 tasse de farine tamisée
1 1/2 cuil. à café de levure tamisée
1 pincée de sel
1 cuil. à soupe de sucre
1/2 cuil. à café de cannelle

1. Préchauffer le four à 180 °C. Beurrer et chemiser de papier sulfurisé un moule carré de 20 cm.
2. Mélanger les 3/4 des noix contenues dans la tasse, les dattes et la cassonade. Ajouter les œufs, l'huile, le yaourt, la farine, la levure et le sel. Mélanger 2 minutes à la cuillère de bois jusqu'à consistance homogène.
3. Verser dans le moule et égaliser la surface. Mélanger le sucre et la cannelle. En saupoudrer le gâteau et ajouter le reste des noix.
4. Faire cuire au four pendant 35 minutes jusqu'à ce qu'un cure-dent, piqué dans la pâte, en ressorte propre. Laisser reposer 5 minutes dans le moule avant de mettre à refroidir sur une grille. Couper en carrés et servir.

Note :
Les temps de cuisson sont approximatifs. Ils peuvent varier d'un four à l'autre. Les carrés peuvent être servis avec une crème fouettée sucrée, aromatisée à la vanille.

Gâteau léger citronné (en haut), carrés aux dattes et aux noix

Muffins « surprise » aux fraises

Préparation : 15 minutes
Temps de cuisson : 30 minutes
Portions : 8 à 10 muffins

2 œufs
1/4 de tasse d'huile
2 cuil. à soupe de confiture de fraises
1/4 de tasse de yaourt aux fraises
1/2 tasse de sucre
1 3/4 tasse de farine
2 cuil. à café de levure
1 pincée de sel
100 g de fromage frais
1/4 de tasse de confiture de fraises supplémentaire
8 à 10 fraises pour la décoration

1. Préchauffer le four à 180 °C. Beurrer huit à dix moules à muffins d'une capacité de 1/2 tasse chacun.
2. Battre dans une terrine les œufs, l'huile, la confiture, le yaourt et le sucre avec une cuillère de bois pendant 1 minute jusqu'à ce que le tout soit bien mélangé. Ajouter la farine, la levure et le sel tamisés ensemble. Mélanger délicatement.
3. Déposer 2 à 3 cuil. à soupe de la préparation dans chaque moule. Couper le fromage frais en huit morceaux. Placer un morceau de fromage au centre de chaque muffin. Garnir de 2 cuil. à café de confiture de fraises et recouvrir avec le reste de la pâte. Mettre au four pendant 30 minutes jusqu'à ce que les muffins soient légèrement dorés. Laisser reposer 5 minutes avant de démouler. Servir chaud. On peut saupoudrer les muffins de sucre glace. Poser une fraise sur chaque muffin.

Muffins « surprise » aux fraises

Battre dans une terrine les œufs, l'huile, la confiture, le yaourt et le sucre avec une cuillère de bois.

Couper le fromage frais en huit morceaux et en placer un au centre de chaque muffin.

Garnir avec la confiture de fraises et recouvrir avec le reste de la pâte.

Pour améliorer la présentation, on peut saupoudrer les muffins de sucre glace.

Muffins aux bananes et aux pommes

Préparation : 10 minutes
Temps de cuisson : 25 minutes
Portions : 12 muffins

1/2 tasse de farine complète
2/3 de tasse de fleur de farine
1 cuil. à café de levure
1 pincée de sel
2/3 de tasse de sucre
1/4 de cuil. à café de muscade moulue
1 banane mûre écrasée
1/2 tasse de pommes vertes râpées
2 œufs
1/2 tasse d'huile
3/4 de tasse de babeurre

1. Préchauffer le four à 180 °C. Beurrer douze moules à muffins d'une capacité de 1/2 tasse chacun.
2. Tamiser dans une terrine la farine, la levure et le sel. Ajouter le sucre et la muscade. Faire un puits au centre et ajouter les fruits, les œufs, l'huile et le babeurre. Mélanger à la cuillère de bois pendant 1 minute. Ne pas trop brasser.
3. Remplir les moules au 2/3. Mettre au four pendant 25 minutes jusqu'à ce que les muffins soient légèrement dorés. Démouler et laisser refroidir.

Note : Vous pouvez servir ces muffins avec l'un des glaçages au fromage de la page 62 et garnir de tranches de bananes séchées.

Gâteau sublime au beurre

Préparation : 20 minutes
Temps de cuisson : 45 minutes
Portions : 8 à 10

150 g de beurre
2/3 de tasse de sucre
1 cuil. à soupe de cognac ou de brandy (facultatif)
3 œufs
2 1/2 cuil. à café de levure
2 1/4 tasses de farine
1 pincée de sel
120 g de chocolat au lait râpé (4 carrés)
1/3 de tasse de lait
1 tasse de crème 35 % (Chantilly)

1. Préchauffer le four à 180 °C. Beurrer et chemiser de papier sulfurisé un moule rond de 23 cm et profond.
2. Fouetter dans une terrine le beurre, le sucre et l'alcool au batteur électrique jusqu'à ce que le tout soit léger et crémeux. Ajouter les œufs un à un tout en continuant à battre. Ajouter les ingrédients secs tamisés, le chocolat et le lait. Remuer doucement jusqu'à ce que le tout soit bien mélangé.
3. Verser dans le moule et égaliser la surface. Faire cuire au four 45 minutes jusqu'à ce qu'un cure-dent, piqué dans la pâte, en ressorte propre. Démouler et laisser refroidir sur une grille. Couper le gâteau en trois horizontalement.
4. Répartir également la crème Chantilly entre les étages du gâteau. On peut ajouter 3 cuil. à soupe de sucre à celle-ci.

Note :
Vous pouvez décorer le gâteau avec le glaçage au chocolat (page 62) ou avec le glaçage onctueux au chocolat (page 63). Garnir de noix hachées grossièrement.

Gâteau sublime au beurre (en haut), muffins aux bananes et aux pommes.

Petits gâteaux aux raisins secs

Préparation : 5 minutes
Temps de cuisson :
15 à 20 minutes
Portions : 20 à 24

2 tasses de farine
1 cuil. à soupe de levure
1 pincée de sel
1/4 de tasse de sucre
2/3 de tasse de raisins secs
1 1/2 tasse de crème 15 % épaisse
1 cuil. à café d'essence de vanille
40 g de beurre fondu

1. Préchauffer le four à 220 °C. Garnir les moules à muffins de 20 à 24 godets de papier.
2. Tamiser la farine, la levure et le seldans une terrine. Ajouter le sucre et les raisins secs. Faire un puits au centre. Incorporer la crème, le beurre et l'essence de vanille aux ingrédients secs. Mélanger à l'aide d'une cuillère de bois.
3. Répartir dans les moules. Faire cuire au four de 15 à 20 minutes jusqu'à ce qu'un cure-dent, piqué dans la pâte, en ressorte propre. Démouler et laisser refroidir sur une grille. Servir chaud ou froid

Gâteau au yaourt et aux agrumes

Préparation : 10 minutes
Temps de cuisson :
45 minutes
Portions : 8

150 g de beurre
2 cuil. à café de zeste d'orange râpé
1 cuil. à café de zeste de citron râpé
3/4 de tasse de sucre
2 œufs
1 2/3 tasse de farine
1 1/2 cuil. à café de levure
1 pincée de sel
1/3 de tasse d'amandes moulues
3/4 de tasse de yaourt nature

1. Préchauffer le four à 180 °C. Beurrer un moule à cheminée de 23 cm.
2. Battre le beurre en crème avec les zestes et le sucre au batteur électrique. Ajouter les œufs un à un sans cesser de battre. Tamiser la farine, la levure et le sel. Ajouter les amandes. Incorporer au mélange de beurre le yaourt et la farine. Battre à vitesse réduite et bien mélanger.
3. Verser dans le moule. Faire cuire au four 45 minutes jusqu'à ce qu'un cure-dent, piqué dans la pâte, en ressorte propre.

Gâteau au yaourt et aux agrumes (à droite), petits gâteaux aux raisins secs.

Gâteau aux fruits de la Passion

Préparation : 10 minutes
Temps de cuisson :
35 minutes
Portions : 8

100 g de beurre
1/3 de tasse de sucre
2 œufs
2/3 de tasse de pulpe de fruits de la Passion
1 cuil. à café de zeste de citron râpé
1 3/4 tasse de farine
1 1/2 cuil. à café de levure
1 pincée de sel
1/4 tasse de crème fraîche

1. Préchauffer le four à 180 °C. Beurrer et chemiser de papier sulfurisé un moule rond de 20 cm.
2. Fouetter le beurre en crème avec le sucre au batteur électrique. Ajouter les œufs un à un sans cesser de battre. Ajouter la pulpe des fruits de la Passion et le zeste de citron. Mélanger.
3. Tamiser la farine, la levure et le sel. Ajouter au mélange précédent avec la crème fraîche. Battre jusqu'à ce que les ingrédients soient bien mélangés. Verser dans le moule et égaliser la surface. Faire cuire au four 45 minutes jusqu'à ce qu'un cure-dent, piqué dans la pâte, en ressorte propre. Démouler et laisser refroidir sur une grille.

Note :
Pour décorer, enrober avec le glaçage aux fruits de la Passion (page 61) ou celui au fromage et aux fruits de la Passion (page 63). On peut aussi servir ce gâteau avec une cuillerée de crème Chantilly mélangée à de la pulpe de fruits de la Passion.

Pain aux cerises et aux amandes

Préparation : 10 minutes
Temps de cuisson :
40 minutes
Portions : 8

90 g de fromage frais
30 g de beurre
1/2 tasse de sucre
1 œuf
1 cuil. à café d'essence d'amande
2/3 de tasse de cerises confites hachées
2/3 de tasse d'amandes en julienne
2 cuil. à soupe de lait
1 tasse de farine
1 cuil. à café de levure
1 pincée de sel

1. Préchauffer le four à 200 °C. Beurrer et chemiser de papier sulfurisé un moule à pain de 23 x 13 cm.
2. Remuer le fromage frais, le beurre, le sucre, l'œuf et l'essence d'amande environ 5 minutes au batteur électrique jusqu'à consistance légère et crémeuse.
3. Ajouter les cerises, les amandes et le lait. Tamiser la farine, la levure et le sel. Ajouter à la préparation précédente. Mélanger à la cuillère de bois, brasser jusqu'à ce que les ingrédients soient bien incorporés et que la préparation soit lisse.
4. Verser dans le moule et égaliser la surface. Mettre au four pendant 40 minutes jusqu'à ce qu'un cure-dent, piqué dans la pâte, en ressorte propre. Laisser reposer 5 minutes avant de démouler. Laisser refroidir sur une grille. Décorer d'un glaçage au choix et garnir d'amandes coupées.

Note :
Pour faire ce gâteau à la cuillère de bois, battre le fromage, le beurre et le sucre de 8 à 10 minutes jusqu'à ce que le tout soit léger et crémeux. Ajouter l'œuf, et l'essence d'amande, bien remuer. Ajouter tous les autres ingrédients, brasser jusqu'à ce que le tout soit bien mélangé et faire cuire au four comme précédemment.

Pain aux cerises aux et amandes (en haut), gâteau aux fruits de la Passion.

Gâteau classique au chocolat

Préparation : 12 minutes
Temps de cuisson : 55 minutes
Portions : 8

125 g de beurre
1 tasse de sucre
1 œuf
2 cuil. à café d'essence de vanille
1/3 de tasse de poudre de cacao
1 1/2 tasse de farine
2 1/2 cuil. à café de levure
1 pincée de sel
3/4 de tasse de crème 35 %

1. Préchauffer le four à 180 °C. Beurrer et chemiser de papier sulfurisé un moule rond de 23 cm.
2. Fouetter le beurre en crème avec le sucre au batteur électrique. Ajouter l'œuf et l'essence de vanille, bien mélanger.
3. Incorporer les ingrédients secs tamisés et la crème. Battre jusqu'à ce que le tout soit lisse et crémeux.
4. Verser dans le moule et égaliser la surface. Faire cuire au four 55 minutes jusqu'à ce qu'un cure-dent, piqué dans la pâte, en ressorte propre. Démouler et laisser refroidir.

Note :
On peut utiliser le glaçage au chocolat (page 61) et décorer avec des petits copeaux de chocolat et du sucre glace.

Gâteau aux pommes

Préparation : 10 minutes
Temps de cuisson : 1 heure
Portions : 8

2 pommes Lobo ou Cortland épluchées, épépinées et coupées finement
1 tasse de sucre
1 tasse de raisins secs
1 cuil. à café de cannelle
1 1/2 tasse de farine
1 1/2 cuil. à café de levure
1 pincée de sel
2 œufs
60 g de beurre, fondu et tiédi

1. Préchauffer le four à 180 °C. Beurrer un moule rond de 23 cm.
2. Mélanger tous les ingrédients à la cuillère de bois.
3. Verser dans le moule. Mettre au four pendant 1 heure jusqu'à ce qu'un cure-dent, piqué dans la pâte, en ressorte propre. Démouler et laisser refroidir

Note :
Avant de servir, on peut utiliser le glaçage au fromage et au citron ou au miel (page 63). Découper de fines lanières de zestre de citron et en décorer le gâteau.

LE CONSEIL DU CHEF

Pour garder un gâteau qui vient d'être cuit, laissez-le refroidir avant de le placer dans une boîte ermétique. Le gâteau doit remplir le maximum de place dans le récipient afin de laisser le moins de place possible à l'air. Il restera ainsi frais plus longtemps. Il sera ensuite mis dans un endroit sec et frais. On ne doit pas conserver les gâteaux au réfrigérateur, sauf si cela est recommandé dans la recette.

Gâteau aux pommes (en haut), gâteau classique au chocolat

Gâteau aux noisettes

Préparation : 10 minutes
Temps de cuisson :
35 minutes
Portions : 8

3/4 de tasse de noisettes hachées
60 g de beurre
1/3 de tasse de mélasse raffinée
125 g de beurre en supplément
1/3 de tasse de mélasse raffinée en supplément
1 œuf
1/4 de tasse de noisettes moulues
1 2/3 tasse de farine
1/3 de tasse de lait

1. Préchauffer le four à 180 °C. Beurrer et chemiser de papier sulfurisé un moule carré de 20 cm.
2. Battre le beurre en crème avec la mélasse au batteur électrique. Ajouter l'œuf et les noisettes moulues. Continuer à battre jusqu'à ce que le tout soit bien mélangé. Tamiser la farine, la levure et le sel. Ajouter au mélange précédent avec le lait. Battre 1 minute à vitesse réduite, puis environ 1 minute à vitesse élevée.
3. Verser dans le moule. Égaliser la surface. Dans une casserole, faire fondre à feu doux le beurre supplémentaire et le reste de la cassonade tout en remuant. Retirer du feu. Verser sur la pâte à gâteau. Saupoudrer de noisettes moulues. Mettre au four 35 minutes jusqu'à ce qu'un cure-dent, piqué dans la pâte, en ressorte propre. Laisser reposer 5 minutes avant de démouler. Servir chaud ou froid.

Le « Pause-Café »

Préparation : 10 minutes
Temps de cuisson :
20 minutes
Portions : 10

1 1/2 de farine
1 cuil. à café de levure
1 pincée de sel
1 cuil. à café de zeste d'orange râpé
60 g de beurre fondu
1/4 de tasse de sucre
1/2 tasse de raisins de Corinthe
1 œuf
2 cuil. à soupe de jus d'orange
2 cuil. à café de sucre

1. Préchauffer le four à 200 °C. Beurrer et chemiser de papier sulfurisé une plaque à biscuits.
2. Tamiser la farine, la levure et le sel dans une terrine. Ajouter le zeste d'orange et le beurre fondu. Battre 2 minutes à vitesse réduite au batteur électrique.
3. Ajouter le sucre, les raisins, l'œuf, le jus d'orange et mélanger à la cuillère de bois.
4. Pour chaque gâteau, déposer 2 cuil. à soupe de la préparation sur la plaque à 5 cm d'intervalle. Saupoudrer de sucre. Mettre au four 20 minutes jusqu'à ce que le tout soit bien doré. Servir chaud avec du beurre et de la marmelade.

Note :
Le « Pause-Café » peut aussi se préparer en malaxant directement le beure et la farine avec les doigts. Ajoutez le reste des ingrédients ; battez avec une cuillère en bois pendant 2 minutes jusqu'à ce que le mélange soit bien homogène. Cuisez comme indiqué ci-dessus. Les « Pause-Café » peuvent être conservés plusieurs jours dans un récipient hermétique placé dans un endroit frais et sec.

Gâteau aux noisettes (en haut), le « Pause-Café »

Fondre et mélanger

La technique utilisée ici permet de gagner du temps. Plus besoin de fouetter le beurre avec le sucre pour obtenir une préparation crémeuse. Il suffit simplement de les faire fondre ensemble et de les incorporer aux ingrédients secs. Pour réussir ces gâteaux, mélangez moins longtemps que pour les gâteaux conventionnels.

Gâteau aux ananas

Préparation : 15 minutes
Temps de cuisson : 50 minutes
Portions : 8

1 3/4 tasse de farine
2 cuil. à café de levure
1 pincée de sel
125 g de beurre
2/3 de tasse de sucre
2 œufs
400 ml d'ananas broyés en conserve, égouttés
1/2 tasse du jus d'ananas mis de côté
1/2 tasse de noix de coco râpée
1/3 de tasse de cassonade tassée

1. Préchauffer le four à 180 °C. Beurrer et chemiser de papier sulfurisé un moule rond de 23 cm. Tamiser la farine, la levure et le sel. Faire un puits au centre.

2. Dans une casserole, faire fondre à feu doux le beurre et le sucre tout en remuant jusqu'à ce que ce dernier soit dissous. Retirer du feu.

3. Ajouter le mélange de beurre fondu, les œufs et le jus d'ananas à la farine. Mélanger à la cuillère de bois jusqu'à ce que le tout soit homogène, sans trop brasser.

3. Verser la moitié de la préparation dans le moule, égaliser la surface. Couvrir avec le mélange d'ananas, de noix de coco et de cassonade. Verser le reste de la préparation et égaliser la surface. Faire cuire au four pendant 50 minutes jusqu'à ce qu'un cure-dent, piqué dans la pâte, en ressorte propre. Laisser reposer 10 minutes avant de démouler. Servir chaud ou froid avec de la crème Chantilly, de la crème anglaise ou de la crème glacée à la vanille.

Gâteau aux ananas (en haut), muffins aux myrtilles à l'ancienne (recette page 22)

Note : Pour décorer, vous pouvez disposer des morceaux d'ananas confit sur le gâteau.

Muffins aux myrtilles à l'ancienne

Préparation : 15 minutes
Temps de cuisson : 25 minutes
Portions : 16 muffins

3 tasses de farine
2 cuil. à café de levure
1 pincée de sel
1 cuil. à café d'épices mélangées
1 tasse de myrtilles fraîches ou surgelées
150 g de beurre
1 tasse de sucre brut
1 œuf
1 tasse de lait

1. Préchauffer le four à 200 °C. Beurrer 16 moules à muffins d'une capacité de 1/3 de tasse chacun. Tamiser la farine, la levure, le sel et les épices mélangées dans une terrine. Ajouter les myrtilles. Mélanger et faire un puits au centre.
2. Dans une casserole, faire fondre à feu doux le beurre et le sucre tout en remuant jusqu'à ce que ce dernier soit dissous. Retirer du feu.
3. Ajouter le mélange de beurre fondu, l'œuf et le lait aux ingrédients secs. Éviter de trop brasser.
4. Remplir les moules aux 2/3 de cette préparation. Faire cuire au four 25 minutes jusqu'à ce que les muffins soient légèrement dorés. Démouler et servir chaud ou froid.

Gâteau doré

Préparation : 15 minutes
Temps de cuisson : 35 minutes
Portions : 8

1 tasse de farine
1 cuil. à café de levure
1 pincée de sel
2/3 de tasse de préparation pour crème anglaise
1/2 cuil. à café de bicarbonate de soude
125 g de beurre
3/4 de tasse de sucre
3 œufs
1/4 de tasse de babeurre

1. Préchauffer le four à 180 °C. Beurrer et chemiser de papier sulfurisé un moule carré de 20 cm.
2. Tamiser la farine, la levure, le sel, la préparation pour crème anglaise et le bicarbonate de soude dans une terrine. Faire un puits au centre.
3. Dans une casserole, faire fondre à feu doux le beurre et le sucre tout en remuant jusqu'à ce que ce dernier soit dissous. Retirer du feu. Mélanger les œufs et le babeurre à part. Ajouter le mélange de beurre fondu et le mélange d'œufs aux ingrédients secs. Remuer avec précaution à la cuillère de bois.
4. Verser dans le moule et égaliser la surface. Faire cuire au four pendant 35 minutes jusqu'à ce qu'un cure-dent, piqué dans la pâte, en ressorte propre. Démouler et laisser refroidir

Note :
On peut décorer ce gâteau avec de la crème au beurre et au miel (page 62). Ce gâteau peut se conserver jusqu'à 4 jours dans une boîte hermétique.

LES CONSEILS DU CHEF
Il est préférable de consommer les muffins le jour même où ils ont été faits. Conservez-les dans un endroit sec et frais et passez-les au micro-ondes pour les réchauffer.

Gâteau doré

Gâteau citronné au gingembre

Préparation : 15 minutes
Temps de cuisson :
40 minutes
Portions : 8 à 10

2 tasses de farine
2 cuil. à café de levure
1 pincée de sel
1/4 de tasse de gingembre c
onfit haché finement
185 g de beurre
3/4 de tasse de sucre
1 cuil. à café de zeste de citron râpé finement
1/4 de tasse de jus de citron
3 œufs

1. Préchauffer le four à 180 °C. Beurrer et chemiser de papier sulfurisé un moule rond de 20 cm. Tamiser la farine, la levure et le sel. Ajouter le gingembre confit.
2. Faire un puits au centre. Dans une casserole, faire fondre à feu doux le beurre et le sucre tout en remuant. Retirer du feu. Incorporer le zeste et le jus de citron.
3. Ajouter le mélange de beurre et de sucre fondus aux ingrédients secs ainsi que les œufs. Mélanger à la cuillère de bois.
4. Verser dans le moule et égaliser la surface. Faire cuire au four pendant 45 minutes jusqu'à ce qu'un cure-dent, piqué dans la pâte, en ressorte propre.

Note :
Décorer avec le glaçage au citron (page 60) et du gingembre confit haché. Ce gâteau se conserve jusqu'à quatre jours dans un récipient hermétiquement fermé.

Pain éclair au café

Préparation : 30 minutes + 15 minutes de repos
Temps de cuisson :
35 minutes
Portions : 12 à 16

1 cuil. à café de café instantané
3/4 de tasse d'eau bouillante
2 tasses de farine
2 cuil. à café de levure
1 pincée de sel
1/3 de tasse de noix de pécan hachées finement
150 g de beurre
3/4 de tasse de cassonade
2 œufs

1. Préchauffer le four à 180 °C. Beurrer et chemiser de papier sulfurisé deux moules à pain de 28 x 18 cm. Mélanger le café et l'eau. Laisser reposer 15 minutes.
2. Tamiser la farine, la levure et le sel dans un autre récipient. Ajouter les noix de pécan et faire un puits au centre.
3. Dans une casserole, faire fondre à feu doux le beurre et la cassonade tout en remuant. Retirer du feu.
4. Ajouter le mélange de beurre fondu, le café et les œufs aux ingrédients secs. Mélanger à la cuillère de bois, sans trop brasser.
5. Répartir dans les deux moules et égaliser la surface. Mettre au four 35 minutes jusqu'à ce qu'un cure-dent, piqué dans la pâte, en ressorte propre. Démouler et laisser refroidir.

Note :
Le café instantané peut être remplacé par 1/4 de tasse de grains de café expresso, finement moulus. Attendre 15 minutes, filtrer et mettre de côté. Étaler le glaçage au café (page 61) sur le gâteau et garnir de noix de pécan.

Gâteau citronné au gingembre (en haut), pain éclair au café.

Muffins aux fruits séchés et aux noix

Préparation : 15 minutes
Temps de cuisson : 20 minutes
Portions : 12 muffins

2 tasses de farine à pâtisserie
2 cuil. à café de levure
1 pincée de sel
1 cuil. à café d'épices mélangées
1 tasse de fruits séchés mélangés
1/2 tasse de noix mélangées hachées
125 g de beurre
3/4 de tasse de sucre
2 œufs
3/4 de tasse de lait

1. Préchauffer le four à 200 °C. Beurrer 12 moules à muffins d'une capacité de 1/3 de tasse chacun. Tamiser la farine, la levure, le sel et les épices mélangées. Ajouter les fruits séchés et les noix. Faire un puits au centre.
2. Dans une casserole, faire fondre à feu doux le beurre et le sucre tout en remuant. Retirer du feu.
3. Ajouter le mélange de beurre fondu, les œufs et le lait aux ingrédients secs. Mélanger avec précaution à la cuillère de bois ou en métal.
4. Verser dans les moules. Faire cuire au four 20 minutes jusqu'à ce qu'un cure-dent, piqué dans la pâte, en ressorte propre. Ces muffins peuvent être servis chauds avec du beurre.

Note :
On peut acheter le mélange de fruits séchés dans les magasins de produits diététiques ou les super marchés. Les muffins peuvent être servis avec un glaçage au beurre ou de la glace (voir pages 60-63).

Gâteau italien au chocolat

Préparation : 30 minutes
Temps de cuisson : 50 minutes
Portions : 8 à 10

2/3 de tasse d'amandes en julienne
2/3 de tasse de noix de macadam hachées
2/3 de tasse de noix hachées
1 1/2 tasse de fruits séchés mélangés
2/3 tasse de farine
1 pincée de sel
2 cuil. à soupe de cacao
1 cuil. à café de cannelle moulue
60 g de chocolat noir, haché (2 carrés)
60 g de beurre
1/3 de tasse de sucre
1/4 de tasse de miel

1. Préchauffer le four à 180 °C. Beurrer et chemiser de papier sulfurisé un moule rond de 20 cm. Mélanger les amandes, les noix et les fruits séchés dans une terrine. Tamiser

la farine, le sel, le cacao et la cannelle. Ajouter à la préparation précédente et mélanger à la cuillère de bois. Faire un puits au centre.
2. Dans une casserole, faire fondre à feu doux le chocolat, le beurre, le sucre et le miel tout en remuant. Retirer du feu.
3. Ajouter le mélange à base de chocolat aux ingrédients secs. Remuer à la cuillère de bois.
4. Verser dans le moule et égaliser la surface. Faire cuire au four 50 minutes jusqu'à ce que le centre du gâteau soit ferme au toucher. Laisser refroidir avant de démouler.

Note :
Décorer avec du sucre glace ou avec un glaçage au café ou au chocolat (page 61). Les muffins peuvent être conservés quelque temps dans une boîte hermétique placée dans un endroit sec et frais.

Gâteau italien au chocolat (en haut), muffins aux fruits séchés et aux noix

Gâteau au chocolat et à la menthe

Préparation : 15 minutes
Temps de cuisson : 40 minutes
Portions : 8

2 tasses de farine
2 cuil. à café de levure
1 pincée de sel
2 cuil. à soupe de cacao
180 g de beurre
100 g de chocolat noir haché grossièrement (3 carrés)
3/4 de tasse de sucre
2 œufs
1/2 tasse de lait
1/2 cuil. à café d'essence de menthe

1. Préchauffer le four à 180 °C. Beurrer et chemiser de papier sulfurisé un moule carré de 20 cm. Mélanger la farine tamisée, la levure, le sel et le cacao dans une terrine. Faire un puits au centre.
2. Dans une casserole, faire fondre à feu doux le beurre, le chocolat et le sucre tout en remuant. Retirer du feu.
3. Ajouter le mélange de chocolat, les œufs, le lait et l'essence de menthe aux ingrédients secs. Remuer avec précaution à la cuillère de bois.
4. Verser dans le moule et égaliser la surface. Faire cuire au four 45 minutes jusqu'à ce qu'un cure-dent, piqué dans la pâte, en ressorte propre. Démouler et laisser refroidir sur une grille.

Note :
Le cas échéant, décorer le gâteau avec de la crème Chantilly et des morceaux de chocolat ou du chocolat râpé. On peut aussi servir ce gâteau avec le glaçage onctueux au chocolat (page 63). Si le gâteau est enrobé de crème Chantilly, le conserver au réfrigérateur.

Gâteau aux fruits à l'ancienne

Préparation : 15 minutes
Temps de cuisson : 45 minutes
Portions : 12 à 16

1 tasse de farine
1 cuil. à café de levure
1 pincée de sel
3 tasses de fruits confits
1/2 tasse de cerises confites, en moitiés
125 g de beurre
1/2 tasse de cassonade
2 cuil. à soupe de mélasse raffinée
2 œufs
1/4 de tasse de cognac ou de brandy

1. Préchauffer le four à 180 °C. Beurrer et chemiser de papier sulfurisé deux grands moules à pain de 23 x 13 cm. Tamiser la

Gâteau au chocolat et à la menthe (en haut), gâteau aux fruits à l'ancienne

farine, la levure et le sel dans une terrine. Ajouter les fruits confits et les cerises. Faire un puits au centre.
2. Dans une casserole, faire fondre à feu doux le beurre, la cassonade et la mélasse raffinée tout en remuant. Retirer du feu. Battre les œufs et le cognac dans un autre récipient.
3. Ajouter le mélange de beurre fondu et le mélange d'œufs aux ingrédients secs. Mélanger à la cuillère de bois, sans trop brasser.
4. Verser en portions égales dans les deux moules. Égaliser la surface. Mettre au four pendant 45 minutes jusqu'à ce que la surface soit ferme au toucher et légèrement dorée. Laisser reposer 15 minutes avant de démouler. Laisser refroidir sur une grille.

Note :
Ce gâteau aux fruits est délicieux nature. On peut toutefois le servir avec un glaçage au citron (page 62). Le gâteau se conserve jusqu'à deux semaines dans un récipient hermétiquement fermé dans un endroit sec et frais.

Gâteau aux raisins secs

Préparation : 20 minutes
Temps de cuisson : 25 minutes
Portions : 9 à 12

1 1/2 tasse farine
1 1/2 cuil. à café de levure
1 pincée de sel
150 g de beurre
1/2 tasse de sucre
2 cuil. à soupe de rhum brun
1 tasse de raisins secs
3 œufs
2 cuil. à soupe de lait

1. Préchauffer le four à 180 °C. Beurrer et chemiser de papier sulfurisé un moule carré de 20 cm. Tamiser la farine, la levure et le sel dans une terrine. Faire un puits au centre.
2. Dans une casserole, faire fondre à feu doux le beurre et le sucre tout en remuant. Retirer du feu. Incorporer le rhum et les raisins secs. Mélanger les œufs et le lait dans un autre récipient.
3. Ajouter le mélange de beurre et le mélange d'œufs aux ingrédients secs. Remuer à la cuillère de bois, sans trop brasser.
4. Verser dans le moule et égaliser la surface. Faire cuire au four 25 minutes jusqu'à ce qu'un cure-dent, piqué dans la pâte, en ressorte propre. Démouler et laisser refroidir sur une grille.

Note :
Ce gâteau peut être conservé jusqu'à deux jours dans une boîte hermétique placée dans un endroit frais et sec

Pain à la mélasse

Préparation : 15 minutes
Temps de cuisson : 40 minutes
Portions : 12 à 16

1 1/2 tasse de farine
1 1/2 cuil. à café de levure
1 pincée de sel
1/4 de tasse de préparation pour crème anglaise
125 g de beurre
1/4 de tasse de mélasse raffinée
11/4 de tasse de sucre
2 œufs
1/3 de tasse de lait

1. Préchauffer le four à 180 °C. Beurrer et chemiser de papier sulfurisé deux moules à pain de 23 x 13 cm. Tamiser la farine, la levure, le sel et la préparation pour crème anglaise. Faire un puits au centre.
2. Dans une casserole, faire fondre à feu doux le beurre, la mélasse et le sucre tout en remuant. Retirer du feu. Battre les œufs et le lait dans un bol.
3. Ajouter le mélange de beurre, les œufs et le lait aux ingrédients secs. Mélanger avec précaution à la cuillère de bois.
4. Répartir dans les deux

Gâteau aux raisins secs (en haut), pain à la mélasse

moule set égaliser la surface. Faire cuire au four pendant 30 minutes jusqu'à ce qu'un cure-dent, piqué dans la pâte, en ressorte propre. Démouler et laisser refroidir sur une grille. Servir chaud ou froid.

Note :
Servir le gâteau enrobé de crème au beurre et au miel (page 62) et saupoudré de cannelle. Il peut se conserver deux jours s'il est placé dans une boîte hermétique, dans un endroit sec et frais.

Petits gâteaux à la confiture

Préparation : 20 minutes
Temps de cuisson :
20 minutes
Portions : 30 mini-gâteaux

2 tasses de farine
2 cuil. à café de levure
1 pincée de sel
150 g de beurre
3/4 de tasse de sucre
2 œufs
1/2 tasse de lait
2 cuil. à café d'essence de vanille
1/3 de tasse de confiture de framboises

1. Préchauffer le four à 180 °C. Déposer 30 mini-godets en papier dans des mini-moules à muffins. Tamiser la farine, la levure et le sel. Faire un puits au centre.
2. Dans une casserole, faire fondre à feu doux le beurre et le sucre tout en remuant. Retirer du feu. Dans un autre récipient, mélanger les œufs, le lait et l'essence de vanille.
3. Ajouter le mélange de beurre et le mélange d'œufs aux ingrédients secs. Remuer avec précaution à la cuillère de bois.
4. Remplir chaque moule d' 1 cuil. à café de pâte. Garnir d' 1/2 cuil. à café de confiture puis couvrir d'une bonne cuillerée à café de pâte. Faire cuire au four 15 minutes jusqu'à ce que les gâteaux soient dorés. Démouler sur une grille et laisser refroidir.

Note :
Décorer d'un glaçage au choix (voir pages 60 à 63). Les petits gâteaux peuvent varier d'aspect car la confiture peut remonter à la surface. Ils se conservent deux jours dans un récipient hermétiquement clos.

Gâteau à la noix de coco

Préparation : 20 minutes
Temps de cuisson :
40 minutes
Portions : 8

1 3/4 tasse de farine à pâtisserie
2 cuil. à café de levure
1 pincée de sel
125 g de beurre
3/4 de tasse de sucre
2 œufs
1/3 de tasse de marmelade
1/4 de tasse de yogourt nature

Garniture à la noix de coco
1/2 tasse de cassonade tassée
1/2 tasse de farine
1/2 tasse de noix de coco râpée
90 g de beurre

1. Préchauffer le four à 180 °C. Beurrer un moule à cheminée de 20 cm. Tamiser la farine, la levure et le sel dans une terrine. Faire un puits au centre.
2. Dans une casserole, faire fondre à feu doux le beurre et le sucre tout en remuant. Retirer du feu. Mélanger les œufs, la marmelade et le yaourt dans un autre récipient.
3. Ajouter le mélange de beurre fondu et le mélange d'œufs aux ingrédients secs. Remuer avec précaution à la cuillère de bois. Verser dans le moule et égaliser la surface.
4. Garniture à la noix de coco
Mélanger la cassonade, la farine et la noix de coco. Y ajouter le beurre, coupé à l'aide de deux couteaux, et remuer jusqu'à obtention d'une consistance granuleuse.En recouvrir la préparation.
5. Faire cuire au four pendant 40 minutes jusqu'à ce qu'un cure-dent, piqué dans la pâte, en ressorte propre. Laisser reposer 5 minutes avant de démouler sur une grille. Servir chaud ou froid, avec de la crème Chantilly ou de la crème glacée à la vanille.

Note :
Ce gâteau peut être conservé trois jours dans une boîte hermétique et réchauffé au four à micro-ondes.

Gâteau à la noix de coco (en haut), petits gâteaux à la confiture

Saupoudrer régulièrement le fond du moule de cassonade. Y disposer les moitiés de poires.

Dans une casserole, faire fondre à feu doux le beurre et le sucre tout en remuant.

Gâteau renversé aux poires

Préparation : 15 minutes
Temps de cuisson :
50 minutes
Portions : 8

2 cuil. à soupe de cassonade
425 g de moitiés de poires en conserve, égouttées
Jus des poires
2 tasses de farine
2 cuil. à café de levure
1 pincée de sel
125 g de beurre
3/4 de tasse de sucre
2 œufs

1. Préchauffer le four à 180 °C. Beurrer et chemiser de papier sulfurisé un grand moule à pain de 23 x 13 cm. Beurrer le papier puis saupoudrer régulièrement le fond du moule de cassonade. Couper les poires en deux moitiés et disposer celles-ci au fond du moule.

2. Tamiser la farine, la levure et le sel. Faire un puits au centre.

3. Dans une casserole, faire fondre à feu doux le beurre et le sucre tout en remuant. Retirer du feu.

4. Ajouter le mélange de beurre fondu, les œufs et le jus des poires aux ingrédients secs. Remuer avec précaution à la cuillère de bois.

5. Verser sur les poires et égaliser la surface. Faire cuire au four pendant 50 minutes jusqu'à ce qu'un cure-dent, piqué dans la pâte, en ressorte propre. Laisser reposer 15 minutes avant de démouler sur une grille. Laisser refroidir.

Note :
Il est important de laisser reposer le gâteau 15 minutes avant de démouler sinon les poires risquent de coller au moule.

Gâteau renversé aux poires

Ajouter le mélange de beurre fondu, les œufs et le jus des poires aux ingrédients secs.

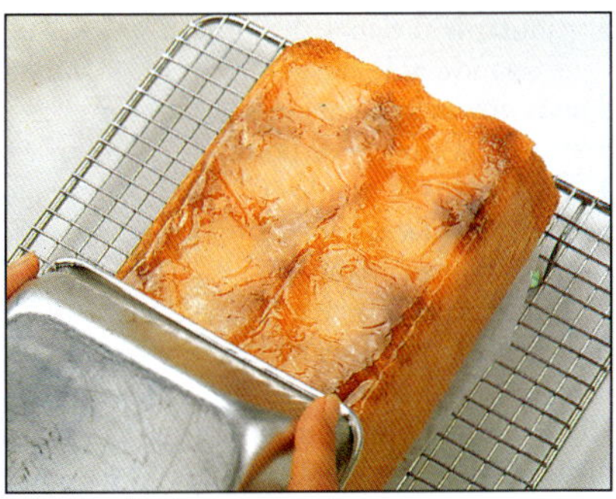

Laisser reposer 15 minutes avant de démouler sur une grille.

Douceur à l'abricot

Préparation : 15 minutes
Temps de cuisson :
45 minutes
Portions : 8

1 1/2 tasse de farine
1 1/2 cuil. à café de levure
1 pincée de sel
1/2 tasse de noix de coco râpée
125 g de beurre
1 tasse de sucre
2 œufs
1 tasse de nectar d'abricots
1/2 tasse de crème fraîche

1. Préchauffer le four à 180 °C. Beurrer et fariner un moule à cheminée de 23 cm. Tamiser la farine, la levure et le sel dans une terrine. Ajouter la noix de coco, mélanger et faire un puits au centre.
2. Dans une casserole, faire fondre à feu doux le beurre et le sucre tout en remuant. Retirer du feu. Mélanger les œufs, le nectar d'abricots et la crème fraîche dans un autre récipient.
3. Ajouter le mélange de beurre fondu et le mélange d'œufs aux ingrédients secs. Remuer à la cuillère de bois.
4. Verser dans le moule et égaliser la surface. Faire cuire au four pendant 45 minutes jusqu'à ce qu'un cure-dent, piqué dans la pâte, en ressorte propre. Démouler et laisser refroidir sur une grille. Servir tiède ou froid.

Note :
On peut décorer le gâteau avec un glaçage à l'orange ou au citron (page 61).
Ce gâteau peut être conservé jusqu'à trois jours dans un récipient hermétique placé au frais et au sec.

Gâteau tiède aux pommes

Préparation : 20 minutes
Temps de cuisson : 1 heure
Portion : 8 à 10

2 tasses de farine
2 cuil. à café de levure
1 pincée de sel
180 g de beurre
2/3 de tasse de sucre
3 œufs
1/3 de tasse de lait
1 tasse de pommes Lobo ou Cortland épluchées et coupées (environ 1 grosse pomme)
2 cuil. à soupe de mélasse
1 cuil. à café de sucre à la cannelle (facultatif)

1. Préchauffer le four à 180 °C. Beurrer et chemiser de papier sulfurisé un moule rond de 23 cm. Tamiser la farine, la levure et le sel. Faire un puits au centre.
2. Dans une casserole, faire fondre à feu doux le beurre et le sucre tout en remuant. Retirer du feu.
3. Ajouter le mélange de beurre fondu, les œufs et le lait aux ingrédients secs. Remuer avec précaution à la cuillère de bois.
4. Verser la moitié de la préparation dans le moule. Égaliser la surface. Garnir avec les tranches de pommes et verser la mélasse. Déposer le reste de la pâte sur les pommes et égaliser la surface. Saupoudrer éventuellement de sucre à la cannelle. Faire cuire au four 1 heure jusqu'à ce qu'un cure-dent, piqué dans la pâte, en ressorte propre. Démouler, saupoudrer de sucre glace et servir immédiatement avec de la crème Chantilly ou de la crème glacée.

Note :
Vous pouvez remplacer la pomme fraîche par une tasse de pommes cuites. Un clou de girofle ou une pincée de cannelle donnera à votre gâteau une saveur particulière.

Douceur à l'abricot (en haut), gâteau tiède aux pommes

Gâteaux préparés au robot culinaire

L'arrivée des robots culinaires a radicale-ment changé la cuisine moderne. Ces puissants appareils peuvent malaxer tous les ingrédients en quelques secondes; il est donc important de ne pas en faire usage trop longtemps. Pour réussir les gâteaux, il vaut mieux s'en servir juste assez longtemps pour assurer un mélange homogène. Nos grands-mères se seraient certainement réjouies d'utiliser de tels appareils.

Gâteau rapide au beurre

Préparation : 10 minutes
Temps de cuisson : 45 à 50 minutes
Portions : 8

1 1/2 tasse de farine
1 1/2 cuil. à café de levure
1 pincée de sel
150 g de beurre en morceaux
3/4 de tasse de sucre
2 œufs
1/2 tasse de babeurre
2 cuil. à café d'essence de vanille

1. Préchauffer le four à 180 °C. Beurrer un moule à cheminée de 23 cm.
2. Verser dans le récipient du robot la farine, la levure, le sel, le beurre et le sucre. Mettre en marche l'appareil pendant environ 20 secondes jusqu'à l'obtention d'une consistance granuleuse. Ajouter les œufs, le babeurre et l'essence de vanille. Actionner de nouveau 10 secondes jusqu'à consistance lisse.
3. Verser dans le moule et égaliser la surface. Mettre au four de 45 à 50 minutes jusqu'à ce qu'un cure-dent, piqué dans la pâte, en ressorte propre. Laisser reposer 5 minutes dans le moule et laisser refroidir sur une grille.

Note :
Décorer avec un glaçage aux fruits ou au chocolat (voir pages 60 à 63).

Gâteau rapide au beurre (en haut), gâteau aux pommes et à la cardamome

Gâteau aux pommes et à la cardamome

Préparation : 10 minutes
Temps de cuisson : 40 minutes
Portions : 8

180 g de beurre en morceaux
1 cuil. à café d'essence de vanille
3/4 de tasse de sucre
3 œufs
1 pomme verte épluchée, épépinée et hachée
1/3 de tasse de pommes séchées hachées grossièrement
1/4 de tasse d'amandes entières blanchies
1/4 de tasse de cardamome moulue
2 tasses de farine
2 cuil. à café de levure
1 pincée de sel
1/3 de tasse de lait

1. Préchauffer le four à 180 °C. Beurrer un moule rond de 20 cm et profond.
2. Mettre dans le récipient du robot le beurre, l'essence de vanille, le sucre et les œufs. Malaxer pendant 1 minute jusqu'à ce que la préparation soit légère et crémeuse. Ajouter la pomme verte, les pommes séchées, les amandes et la cardamome. Remettre en marche pendant 15 secondes. Ajouter la farine, la levure, le sel et le lait. Actionner 20 secondes jusqu'à ce que les pommes et les amandes soient finement hachées et que la préparation soit épaisse et presque lisse.
3. Verser dans le moule et égaliser la surface. Mettre au four pendant 40 minutes jusqu'à ce qu'un cure-dent, piqué dans la pâte, en ressorte propre. Laisser reposer 5 minutes avant de démouler et laisser refroidir sur une grille. Pour vous faire une idée des différents glaçages, voir pages 60 à 63.

Gâteau au chocolat facile à réaliser

Préparation : 10 minutes
Temps de cuisson : 45 minutes
Portions : 8

1 1/2 tasse de farine
1 1/2 cuil. à café de levure
1 pincée de sel
1/2 tasse de cacao
1 cuil. à café de bicarbonate de soude
125 g de beurre en morceaux
1 tasse de sucre
4 œufs
3/4 de tasse de crème fraîche

1. Préchauffer le four à 180 °C. Beurrer un moule à cheminée de 23 cm.
2. Verser dans le récipient du robot la farine, la levure, le sel, le cacao, le bicarbonate de soude, le beurre et le sucre. Mettre en marche l'appareil pendant environ 20 secondes jusqu'à consistance granuleuse. Ajouter les œufs et la crème fraîche. Actionner de nouveau pendant 10 secondes jusqu'à l'obtention d'une texture lisse et homogène.
3. Mettre dans le moule et égaliser la surface. Mettre au four pendant 45 minutes jusqu'à ce qu'un cure-dent, piqué dans la pâte, en ressorte propre. Démouler et laisser refroidir sur une grille. Enrober d'un glaçage onctueux au chocolat (page 63).

Gâteau à la muscade

Préparation : 15 minutes
Temps de cuisson : 45 minutes
Portions : 10

1 1/2 tasse de farine
1 1/2 cuil. à café de levure
1 pincée de sel
1 cuil. à café de muscade moulue
125 g de beurre en morceaux
1 tasse de sucre
4 œufs
1 tasse de lait
2 cuil. à café de zeste de citron râpé finement
1/4 de tasse de jus de citron
1 tasse de noix de coco râpée

1. Préchauffer le four à 180 °C. Beurrer et chemiser de papier sulfurisé un moule rond de 23 cm.
2. Verser dans le récipient du robot la farine, la levure, le sel, la muscade, le beurre et le sucre. Mettre en marche l'appareil pendant 20 secondes jusqu'à

Gâteau au chocolat facile à réaliser (en haut), gâteau à la muscade

l'obtention d'une texture granuleuse. Ajouter les œufs, le lait, le zeste et le jus de citron. Actionner de nouveau pendant 10 secondes jusqu'à ce que le tout soit lisse. Transvaser et incorporer la noix de coco.

3. Verser dans le moule et égaliser la surface. Faire cuire au four pendant 45 minutes jusqu'à ce qu'un cure-dent, piqué dans la pâte, en ressorte propre. Démouler et laisser refroidir. Décorer avec de la crème au beurre et au miel (page 62).

Pain à la citrouille

Préparation : 20 minutes
Temps de cuisson : 1 heure
Portions : 8

2 tasses de farine
2 cuil. à café de levure
1 pincée de sel
1 cuil. à café de cannelle moulue
125 g de beurre en morceaux
1 tasse de cassonade tassée
3 œufs
1 tasse de purée de citrouille (en conserve ou fraîche et cuite)
1/2 tasse de noix de coco râpée
1/2 tasse de pruneaux dénoyautés, hachés

1. Préchauffer le four à 180 °C. Beurrer et chemiser de papier sulfurisé un moule à pain de 21 x 11 cm.
2. Verser dans le récipient du robot la farine, la levure, le sel et la cannelle. Ajouter le beurre et la cassonade. Mettre en marche l'appareil pendant environ 20 secondes jusqu'à l'obtention d'une texture granuleuse. Ajouter les œufs et la purée de citrouille. Actionner de nouveau 10 secondes jusqu'à ce que le tout soit lisse.
3. Incorporer la noix de coco et les pruneaux. Verser dans le moule et égaliser la surface. Mettre au four pendant 1 heure jusqu'à ce qu'un cure-dent, piqué dans la pâte, en ressorte propre. Laisser reposer 5 minutes avant de démouler. Laisser refroidir sur une grille.

Note :
On peut servir avec de la crème au beurre et au miel (page 62).

Bouchées aux noix et à la cannelle

Préparation : 20 minutes
Temps de cuisson : 50 minutes
Portions : 9

1 1/4 tasse de farine
1 cuil. à café de levure
1 pincée de sel
125 g de beurre en morceaux
1 tasse de sucre
2 œufs
1/2 tasse de crème fraîche
1 cuil. à café d'essence de vanille
1/2 tasse de noisettes hachées finement
1/4 de tasse de cassonade tassée
1 1/2 cuil. à café de cannelle moulue

1. Préchauffer le four à 180 °C. Beurrer et chemiser de papier sulfurisé un moule carré de 20 cm.
2. Verser dans le récipient du robot la farine, la levure

et le sel. Ajouter le beurre et le sucre. Mettre en marche l'appareil pendant environ 20 secondes jusqu'à l'obtention d'une texture granuleuse. Ajouter les œufs, la crème fraîche et l'essence de vanille. Actionner de nouveau pendant 10 secondes pour rendre le tout plus lisse.
3. Mélanger les noisettes, la cassonade et la cannelle. Verser la moitié de la préparation à gâteau dans le moule. Égaliser la surface. Saupoudrer avec la moitié du mélange de noisettes. Verser le reste de la préparation et égaliser la surface. Saupoudrer avec le reste du mélange de noisettes. Faire cuire au four pendant 50 minutes jusqu'à ce qu'un cure-dent, piqué dans la pâte, en ressorte propre. Laisser reposer 5 minutes avant de démouler. Servir tiède ou froid.

Note :
Ce gâteau peut être gardé quatre jours dans un récipient hermétique.

Pain à la citrouille (en haut), bouchées aux noix et à la cannelle

Verser le beurre, le sucre, le citron, le jus de limette et l'œuf dans le récipient du robot.

Verser dans le moule et égaliser la surface.

Gâteau des îles

Préparation : 10 minutes
Temps de cuisson : 45 minutes
Portions : 12

125 g de beurre
2/3 de tasse de sucre
1/2 petit citron non pelé
1/2 limette non pelée, en morceaux
1 œuf
2/3 de tasse de crème épaisse
1/4 de tasse de noix de coco
1 1/2 tasse de farine
1/2 tasse de semoule

1. Préchauffer le four à 180 °C. Beurrer et chemiser de papier sulfurisé un moule carré de 20 cm. Retirer le zeste du demi-citron. Peler le fruit de manière à en retirer toute la membrane blanche.
2. Mettre dans le récipient du robot le beurre, le sucre, le demi-citron pelé ainsi que son zeste, la limette et l'œuf. Faire marcher l'appareil pendant environ 30 secondes pour bien mélanger. Ajouter la crème et la noix de coco et actionner de nouveau pendant 15 secondes. Ajouter la farine, la levure, le sel et bien mélanger pour rendre la pâte lisse et homogène.
3. Verser dans le moule et égaliser la surface. Faire cuire au four pendant 45 minutes jusqu'à ce qu'un cure-dent, piqué dans la pâte, en ressorte propre. Démouler et laisser refroidir sur une grille.

Note :
Avant de servir, on peut recouvrir le gâteau d'une gelée chaude aux abricots (page 63) ou utiliser le glaçage au fromage et au citron ou au miel (page 62). Garnir de tranches ou de zeste d'agrumes.

Gâteau des îles

Démouler, retirer le papier et laisser refroidir sur une grille.

On peut recouvrir le gâteau d'une gelée aux abricots chaude.

Gâteau aux abricots

Préparation : 20 minutes
Temps de cuisson :
50 minutes
Portions : 8 à 10

1 tasse d'abricots séchés, hachés finement
1/4 de tasse d'eau bouillante
2 tasses de farine
2 cuil. à café de levure
1 pincée de sel
125 g de beurre en morceaux
3/4 de tasse de sucre
2 œufs
1/2 tasse de nectar d'abricots

1. Préchauffer le four à 180 °C. Beurrer et chemiser de papier sulfurisé un moule rond de 23 cm.
2. Mélanger les abricots et l'eau. Laisser gonfler les fruits jusqu'à ce qu'ils aient absorbé l'eau (10 minutes environ).
3. Introduire la farine, la levure, le sel, le beurre et le sucre dans le récipient du robot Mettre en marche l'appareil pendant 20 secondes jusqu'à l'obtention d'une texture granuleuse. Ajouter les œufs et le nectar d'abricots. Actionner de nouveau pendant 10 secondes jusqu'à obtention d'une consistance lisse. Incorporer avec précaution les abricots à la cuillère de bois.
4. Verser dans le moule et égaliser la surface. Faire cuire au four pendant 50 minutes jusqu'à ce qu'un cure-dent, piqué dans la pâte, en ressorte propre. Laisser reposer 5 minutes avant de démouler sur une grille. Laisser refroidir.

Note :
Enrober le gâteau d'un glaçage à l'orange ou au citron (voir page 60).

Mokas aux noix et au chocolat

Préparation : 15 minutes
Temps de cuisson :
50 minutes
Portions : 16

250 g de beurre
150 g de chocolat noir, en morceaux (5 carrés)
1 1/2 tasse de farine
1 1/2 cuil. à café de levure
1 pincée de sel
3/4 de tasse de sucre
2 œufs
3/4 de tasse de lait
1/2 tasse de noix hachées

1. Préchauffer le four à 180 °C. Beurrer et chemiser de papier sulfurisé un moule rectangulaire de 28 x 18 cm.
2. Dans une casserole, faire fondre à feu doux le beurre et le chocolat tout en remuant. Retirer du feu.
3. Verser la farine, la levure, le sel, le mélange de beurre et de chocolat fondus, le sucre, les œufs et le lait dans le récipient du robot. Mettre en marche l'appareil pendant environ 20 secondes pour rendre la pâte homogène. Incorporer les noix à l'aide d'une cuillère de bois.
4. Verser dans le moule et égaliser la surface. Faire cuire au four pendant 50 minutes jusqu'à ce qu'un cure-dent, piqué dans la pâte, en ressorte propre. Laisser reposer 5 minutes avant de démouler sur une grille. Laisser refroidir.

Note :
On peut servir le gâteau avec le glaçage onctueux au chocolat (page 63). Ce gâteau se conserve au frais jusqu'à trois jours dans un récipient hermétiquement fermé.

Gâteau aux abricots, mokas aux noix et au chocolat

Gâteau couronne aux bananes

Préparation : 15 minutes
Temps de cuisson :
50 minutes à 1 heure
Portions : 8

1 1/2 tasse de farine
1 1/2 cuil. à café de levure
1 pincée de sel
1 cuil. à café d'épices mélangées
125 g de beurre en morceaux
3/4 de tasse de sucre
2 œufs
1/3 de tasse de yaourt nature
2/3 de tasse de bananes mûres écrasées
1 banane mûre coupée en petits dés

1. Préchauffer le four à 180 °C. Beurrer et chemiser de papier sulfurisé un moule à pain de 21 x 11 cm ou bien beurrer un moule à cheminée de 23 cm.
2. Mélanger la farine, la levure, le sel, les épices mélangées, le beurre et le sucre dans le récipient du robot. Mettre en marche l'appareil pendant environ 20 secondes jusqu'à l'obtention d'une texture granuleuse. Ajouter les œufs, le yaourt et les bananes. Actionner de nouveau pendant 10 secondes. Ajouter la banane en dés et mélanger à la cuillère de bois.
3. Verser dans le moule et égaliser la surface. Mettre au four de 50 minutes à 1 heure jusqu'à ce qu'un cure-dent, piqué dans la pâte, en ressorte propre. Laisser reposer 5 minutes avant de démouler sur une grille. Laisser refroidir. Servir avec le glaçage au citron ou la crème au beurre et au miel (page 62).

Note :
Pour éviter que le gâteau ne devienne lourd et massif, ne pas trop mélanger la préparation une fois les bananes ajoutées.

Bouchées au miel

Préparation : 10 minutes
Temps de cuisson :
35 à 40 minutes
Portions : 8

2 tasses de farine
2 cuil. à café de levure
1 pincée de sel
1 cuil. à café de cardamome moulue
1/2 cuil. à café de cannelle moulue
125 g de beurre en morceaux
2/3 de tasse de sucre
2 œufs
1/2 tasse de lait
1/4 de tasse de miel

1. Préchauffer le four à 180 °C. Beurrer un moule à cheminée de 20 cm.
2. Mélanger la farine, la levure, le sel, la cardamome, la cannelle, le beurre et le sucre dans le récipient du robot. Mettre en marche l'appareil pendant 20 secondes jusqu'à l'obtention d'une texture granuleuse. Ajouter les œufs, le lait et le miel. Actionner de nouveau pendant 10 secondes pour obtenir un mélange homogène.
3. Verser dans le moule et égaliser la surface. Mettre au four de 35 à 40 minutes jusqu'à ce qu'un cure-dent, piqué dans la pâte, en ressorte propre. Laisser reposer 5 minutes avant de démouler sur une grille. Laisser refroidir. Couper et servir en bouchées nappées de crème au beurre et au miel (page 62).

Gâteau grand-mère

Préparation : 15 minutes
Temps de cuisson :
15 minutes
Portions : 24 petits gâteaux

1 1/4 tasse de farine
1 1/2 cuil. à café de levure
1 pincée de sel
2 cuil. à café de cacao
125 g de beurre en morceaux
1/3 de tasse de sucre
2 œufs
1/2 tasse de babeurre
1 cuil. à soupe de mélasse
1/3 de tasse d'amandes effilées
60 g de chocolat noir, fondu pour décorer (2 carrés)

1. Préchauffer le four à 180 °C. Beurrer 24 petits moules à muffins.
2. Mettre la farine, la levure, le sel, le cacao, le beurre et le sucre dans le récipient du robot. Faire marcher

Dans le sens des aiguilles d'une montre : gâteau couronne aux bananes, gâteau grand-mère, bouchées au miel.

l'appareil pendant environ 20 secondes jusqu'à l'obtention d'une texture granuleuse. Ajouter les œufs, le babeurre et la mélasse. Actionner de nouveau pendant 10 secondes pour obtenir une pâte lisse.

3. Disposer les amandes dans le fond des 24 moules. Garnir 2/3 des moules avec la préparation. Mettre au four pendant 15 minutes jusqu'à ce que les gâteaux soient fermes au toucher. Démouler et laisser refroidir sur une grille. Décorer avec des spirales de chocolat fondu.

Pain à l'orange

Préparation : 15 minutes
Temps de cuisson :
50 minutes
Portions : 8

1 1/4 tasse de farine
1 1/2 cuil. à café de levure
1 pincée de sel
125 g de beurre en morceaux
2/3 de tasse de sucre
3 œufs
1/3 de tasse de babeurre
2 cuil. à café de zeste d'orange râpé finement

1. Préchauffer le four à 180 °C. Beurrer et chemiser de papier sulfurisé un moule à pain de 21 x 11 cm.
2. Mettre la farine, la levure, le sel, le beurre et le sucre dans le récipient du robot. Faire marcher l'appareil pendant 20 secondes jusqu'à l'obtention d'une texture granuleuse. Ajouter les œufs, le babeurre et le zeste d'orange. Actionner de nouveau pendant 10 secondes pour rendre le mélange plus lisse.
3. Verser dans le moule et égaliser la surface. Mettre au four pendant 50 minutes jusqu'à ce qu'un cure-dent, piqué dans la pâte, en ressorte propre. Laisser reposer 5 minutes avant de démouler sur une grille. Laisser refroidir.

Note :
À défaut de babeurre, vous pouvez utiliser de la crème fraîche ou du yaourt pour cette recette. Servir enrobé de glaçage à l'orange (page 61).

Le Goûter

Préparation : 15 minutes
Temps de cuisson :
50 minutes
Portions : 8

1 2/3 tasse de farine
1 1/2 cuil. à café de levure
1 pincée de sel
2/3 de tasse d'amandes moulues
125 g de beurre en morceaux
1 tasse de sucre
2 œufs
1/2 tasse de lait
2 cuil. à café de zeste d'orange râpé finement
1/4 de tasse de jus d'orange

1. Préchauffer le four à 180 °C. Beurrer et chemiser de papier sulfurisé un moule rond de 20 cm.
2. Introduire la farine, la levure, le sel, les amandes moulues, le beurre et le sucre dans le récipient du robot. Mettre en marche l'appareil pendant environ 20 secondes pour obtenir une texture granuleuse. Ajouter les œufs, le lait, le zeste et le jus d'orange. Actionner de nouveau pendant 10 secondes jusqu'à ce que le tout soit homogène.
2. Verser dans le moule et égaliser la surface. Mettre au four pendant 50 minutes jusqu'à ce qu'un cure-dent, piqué dans la pâte, en ressorte propre. Laisser reposer 5 minutes avant de démouler sur une grille. Laisser refroidir. Servir tiède ou froid.

Note :
Enrober le gâteau de crème au beurre et au miel ou choisir le glaçage au fromage à la crème et à l'orange (pages 62 et 63). Garnir de zeste d'orange ou d'amandes coupées et grillées. Ce gâteau peut se conserver deux jours dans une boîte hermétique placée au frais.

Le Goûter (en haut), pain à l'orange

Solutions dépannage

Si vous utilisez des mélanges à pâtisserie tout préparés, vous trouverez ici des recettes simples ou d'autres plus élaborées. Quelques ingrédients bien choisis et vous obtiendrez la saveur et l'aspect des gâteaux « maison ». C'est tellement facile à faire!

Le Grand Gâteau au chocolat

Préparation : 10 minutes
Temps de cuisson : 35 minutes
Portions : 10 à 12

1 boîte de 510 g de mélange à gâteau au chocolat fondant
3 œufs
3/4 tasse d'eau
125 g de beurre amolli
1 tasse de crème 35 % (Chantilly)
3 cuil. à soupe de sucre glace tamisé
1 tasse de fraises coupées
Fraises entières et copeaux de chocolat pour décorer

1. Préchauffer le four à 180 °C. Beurrer et chemiser de papier sulfurisé deux moules ronds de 23 cm chacun.
2. Travailler le mélange à gâteau, les œufs, l'eau et le beurre au batteur électrique, à vitesse réduite, jusqu'à consistance homogène. Continuer à battre pendant 2 minutes à vitesse moyenne.
3. Répartir dans les deux moules et égaliser la surface. Mettre au four pendant 35 minutes jusqu'à ce qu'un cure-dent, piqué dans la pâte, en ressorte propre. Démouler et laisser refroidir les gâteaux sur une grille.
4. Mélanger la crème Chantilly et le sucre glace au batteur électrique. Lorsque les gâteaux sont froids, étaler la crème Chantilly sur l'un des gâteaux. Garnir avec les fraises coupées, recouvrir avec l'autre gâteau et enrober le tout du reste de la crème fouettée. Décorer éventuellement avec des fraises entières et des copeaux de chocolat.

Le Grand Gâteau au chocolat (à droite), gâteau couronne au café

Gâteau couronne au café

Préparation : 10 minutes
Temps de cuisson :
35 minutes
Portions : 8 à 10

1 boîte de 500 g de mélange à gâteau au chocolat
3 œufs
1/3 de tasse d'huile
3/4 de tasse d'eau
1/4 de tasse de café noir fort
1/2 tasse de crème 15 % épaisse
60 g de chocolat blanc râpé (2 carrés)

1. Préchauffer le four à 180 °C. Beurrer un moule à cheminée de 23 cm.
2. Travailler le mélange à gâteau, les œufs, l'huile, le café, la crème et le chocolat au batteur électrique pendant environ 1 minute à vitesse réduite. Battre ensuite à vitesse élevée pendant 2 minutes pour obtenir une pâte lisse.
3. Verser dans le moule et égaliser la surface. Mettre au four pendant 45 minutes jusqu'à ce qu'un cure-dent, piqué dans la pâte, en ressorte propre. Démouler sur une grille et laisser refroidir. Servir avec le glaçage au café (page 61) et décorer de copeaux de chocolat blanc et noir.

Gâteau aux pommes paysan

Préparation : 15 minutes
Temps de cuisson : 1 heure
Portions : 8

1 boîte de 500 g de mélange à gâteau aux épices
60 g de beurre
3 œufs
1/2 tasse d'eau
3/4 de tasse de jus de pommes
1 pomme épluchée, épépinée, hachée finement
4 cuil. à café de sucre à la cannelle
3 cuil. à soupe de noix de coco râpée
20 g de beurre fondu
2 cuil. à soupe d'amandes coupées

1. Préchauffer le four à 180 °C. Beurrer et chemiser de papier sulfurisé un moule rond de 23 cm.
2. Mettre de côté 6 cuil. à soupe du mélange à gâteau pour la garniture. Remuer le reste du mélange avec le beurre, les œufs, l'eau, le jus et la pomme au batteur électrique pendant environ 2 minutes et à vitesse réduite. Verser dans le moule. Égaliser la surface.
3. Mélanger le sucre à la cannelle, le mélange à gâteau restant, la noix de coco et le beurre fondu dans une terrine. Malaxer à la fourchette ou avec les doigts jusqu'à l'obtention d'une texture granuleuse. Ajouter les amandes. Saupoudrer sur la préparation et faire cuire au four pendant 30 minutes jusqu'à ce qu'un cure-dent, piqué dans la pâte, en ressorte propre. Laisser reposer 5 minutes avant de démouler sur une grille. Laisser refroidir. Saupoudrer le gâteau de sucre glace. On peut le servir avec avec une crème anglaise ou de la crème.

Muffins aux pêches et aux courgettes

Préparation : 10 minutes
Temps de cuisson :
20 minutes
Portions : 12 petits ou 8 gros muffins

1 boîte de 430 g de mélange à gâteau doré
1 œuf
1/4 de tasse d'eau
2 cuil. à café de zeste de citron râpé
2/3 de tasse de courgette râpée
1/2 tasse de pêches en conserve, égouttées, hachées finement
60 g de beurre fondu

1. Préchauffer le four à 180 °C. Beurrer 8 ou 12 moules à muffins.
2. Verser dans une terrine le mélange à gâteau, l'œuf, le beurre fondu, l'eau, le zeste de citron, la courgette et les pêches. Mélanger avec précaution à la cuillère de bois.
3. Remplir aux 2/3 les

Gâteau aux pommes paysan (en haut), muffins aux courgettes et aux pèches

moules à muffins de cette préparation. Faire cuire au four pendant 20 minutes jusqu'à ce qu'un cure-dent, piqué dans la pâte, en ressorte propre. Laisser reposer 5 minutes avant de démouler sur une grille.

Laisser refroidir. On peut servir avec une crème au beurre et au miel (page 62) et garnir le tout avec des tranches de pêches fraîches.

Gâteau au miel et aux dattes

Préparation : 10 minutes
Temps de cuisson : 35 minutes
Portions : 8

1 boîte de 500 g de mélange à gâteau doré
3 œufs
1/2 tasse d'eau
1/3 de tasse d'huile
1 tasse de babeurre
3/4 tasse de dattes hachées
1 1/2 cuil. à café d'épices mélangées
6 cuil. à soupe de miel
30 g de beurre
4 cuil. à soupe d'eau

1. Préchauffer le four à 180 °C. Beurrer et chemiser de papier sulfurisé un moule rond de 23 cm et profond.
2. Travailler le mélange à gâteau, les œufs, l'eau, le beurre, le babeurre, les dattes et les épices au batteur électrique pendant environ 1 minute à vitesse réduite jusqu'à ce que le tout soit bien homogène. Continuer à battre 2 minutes à vitesse élevée.
3. Verser dans le moule et égaliser la surface. Mettre au four pendant 35 minutes jusqu'à ce qu'un cure-dent, piqué dans la pâte, en ressorte propre. Laisser reposer 10 minutes avant de démouler sur une grille.
4. Dans une casserole, faire cuire à feu doux le miel, le beurre et l'eau tout en remuant. Recouvrir le gâteau encore tiède du mélange chaud. Servir chaud avec une crème anglaise ou de la crème glacée.

Note :
Si vous le désirez, vous pouvez décorer votre gâteau en le saupoudrant de sucre glace.

Gâteau au miel et aux dattes

On peut utiliser des dattes fraîches ou séchées. Les dénoyauter s'il y a lieu, et les hacher.

Travailler le mélange à gâteau, les œufs, l'eau, l'huile, le babeurre, les dattes et les épices au mixer.

Verser dans le moule et égaliser la surface à la spatule.

Garnir le gâteau encore tiède du mélange au miel chaud.

Gâteau croustillant au caramel

Préparation : 10 minutes
Temps de cuisson :
55 minutes
Portions : 8 à 10

1 boîte de 500 g de mélange à gâteau au goût de caramel au beurre
3 œufs
1 1/4 tasse d'eau
1/3 de tasse d'huile
45 g de beurre
1/3 de tasse de cassonade
2 tasses de flocons de maïs (type Corn Flakes), légèrement écrasés

1. Préchauffer le four à 180 °C. Beurrer et chemiser de papier sulfurisé un moule rond de 23 cm.
2. Travailler au batteur électrique le mélange à gâteau, les œufs, l'eau et l'huile. Battre 3 minutes à vitesse moyenne jusqu'à obtention d'une pâte lisse.
3. Dans une casserole, faire fondre le beurre à feu doux. Retirer u feu. Incorporer la cassonade et les flocons de maïs.
4. Répartir sur la préparation à gâteau. Faire cuire au four pendant 35 minutes jusqu'à ce qu'un cure-dent, piqué dans la pâte, en ressorte propre. Démouler sur une grille et laisser refroidir.

Pain gourmandise

Préparation : 10 minutes
Temps de cuisson :
35 minutes
Portions : 16

1 boîte de 500 g de mélange à gâteau doré
1 tasse de bananes écrasées
1/3 de tasse de bananes séchées, hachées
3 œufs
1/3 de tasse d'huile
1 1/4 tasse d'eau
1/3 de tasse de noix hachées
1/2 tasse de pépites de chocolat
30 g de beurre d'arachide

1. Préchauffer le four à 180 °C. Beurrer et chemiser de papier sulfurisé deux grands moules à pain de 23 x 13 cm.
2. Mettre le mélange à gâteau, les bananes écrasées, les bananes séchées, les œufs, l'huile, l'eau, les noix, les grains de chocolat et le beurre d'arachide dans le récipient du robot. Travailler environ 3 minutes à vitesse moyenne au batteur électrique pour obtenir un mélange homogène.
3. Répartir dans les deux moules. Égaliser la surface. Mettre au four pendant 35 minutes jusqu'à ce qu'un cure-dent, piqué dans la pâte, en ressorte propre. Démouler sur une grille et laisser refroidir. Décorer au choix et servir coupé en tranches, tiède ou froid. On peut décorer avec des bananes séchées.

Gâteau à l'orange et aux noix de pécan

Préparation : 10 minutes
Temps de cuisson :
35 minutes
Portions : 9

1 boîte de 500 g de mélange gâteau à l'orange
1 cuil. à soupe de zeste d'orange râpé
3 œufs
1/3 de tasse de crème fraîche
1/3 de tasse d'huile
1/2 tasse d'eau
1/2 tasse de noix de pécan moulues
1/3 de tasse de noix de pécan hachées finement

1. Préchauffer le four à 180 °C. Beurrer et chemiser de papier sulfurisé un moule carré de 20 cm.
2. Mettre dans une terrine le mélange à gâteau, le zeste d'orange, les œufs, la crème fraîche, l'huile, l'eau et les noix de pécan moulues. Travailler environ 3 minutes à vitesse moyenne au batteur électrique jusqu'à ce que le tout soit lisse.

Dans le sens des aiguilles d'une montre en partant de la gauche : gâteau croustillant au caramel, pain gourmandise, gâteau à l'orange et aux noix de pécan

3. Verser dans le moule et égaliser la surface. Disposer les noix hachées sur la pâte en les enfonçant légèrement.

4. Mettre au four 35 minutes jusqu'à ce qu'un cure-dent, piqué dans la pâte, en ressorte propre. Laisser reposer 5 minutes avant de démouler sur une grille. Laisser refroidir. Saupoudrer de sucre glace. Servir chaud ou froid.

Les Glaçages

On se régale d'abord avec les yeux. Le glaçage est donc un complément indispensable aux gâteaux. La décoration peut aller du plus simple au plus sophistiqué. Grâce à nos glaçages vous transformerez un simple gâteau en une création de rêve qui semblera tout droit sortie des mains du meilleur pâtissier.

Des idées éclair pour décorer les gâteaux :

• Fouetter de la crème 35 % avec un peu de sucre et l'étaler sur le pourtour et le dessus du gâteau. Garnir de chocolat râpé ou de copeaux de chocolat.

• Déposer des fraises ou des baies (framboises, mûres, myrtilles) au centre d'une gênoise et décorer de crème Chantilly.

• Un gâteau saupoudré de sucre glace séduit par sa surface immaculée. Les dentelles en papier créent des motifs de fantaisie. Le sucre glace peut être mélangé avec du cacao ou de la cannelle. Saupoudrer à l'aide d'un tamis fin.

• Les fruits en pâte d'amande, les carrés ou les triangles de chocolat, les fleurs comestibles et les fruits frais transforment un gâteau de tous les jours en un vrai chef d'œuvre.

• Pour obtenir un contraste, on peut utiliser du chocolat blanc fondu sur du chocolat noir, également fondu ou vice-versa.

• La noix de coco et les noix grillées entières ou hachées font des décors tout simples.

• Les fruits séchés ou confits et le zeste d'agrumes ajoutent couleur et saveur aux gâteaux.

Nous vous proposons quelques glaçages classiques que vous pourrez utiliser en cas de besoin. Ce sont toujours des compléments indispensables. Il suffit de choisir parmi vos saveurs préférées et, surtout, en fonction du gâteau à glacer.

Glaçages classiques

Les cinq glaçages suivants (voir page 61) sont faits à partir de sucre glace, d'un peu de beurre et de jus de fruit, de zeste ou d'un ingrédient propre à aromatiser le glaçage (café, chocolat, essence). Pour étaler le glaçage parfaitement, trempez régulièrement le couteau dans de l'eau très chaude. Les recettes suivantes permettent de glacer le dessus d'un gâteau rond ou carré de 20 cm.

Glaçage au citron

1 tasse de sucre glace tamisé
1 cuil. à café de zeste de citron râpé finement
10 g de beurre doux
1 à 2 cuil. à soupe de jus de citron

1. Mélanger le sucre glace, le beurre ramolli et l'aromatisant.

2. Glacer avec une spatule ou un couteau.

On peut utiliser toutes sortes d'accompagnements pour personnaliser un gâteau.

Glaçage à l'orange

1 tasse de sucre glace tamisé
1 cuil. à café de zeste de citron râpé finement
10 g de beurre doux
1 à 2 cuil. à soupe de jus d'orange

Glaçage aux fruits de la passion

1 tasse de sucre glace tamisé
10 g de beurre doux
1 à 2 cuil. à soupe de pulpe de fruits de la Passion

Glaçage au café

1 tasse de sucre glace tamisé
1 cuil. à café de café instantané
10 g de beurre doux
1 à 2 cuil. à soupe d'eau

Glaçage au chocolat

1 tasse de sucre glace tamisé
1 cuil. à soupe de cacao
10 g de beurre doux
1 à 2 cuil. à soupe de lait très chaud

Méthode

Battre en crème dans une jatte le beurre et le sucre jusqu'à consistance lisse et onctueuse. Ajouter graduellement les liquides (jus, eau, lait, selon la recette) et les autres ingrédients et cuire au bain-marie en remuant jusqu'à consistance désirée. Glacer à l'aide d'un couteau ou d'une spatule.

Glaçage au beurre

Riches et crémeux, ces glaçage nécessitent beaucoup de beurre. Pour faciliter le travail, gardez celui-ci à température ambiante. Les glaçages peuvent être aplanis au couteau ou, une fois aplanis, travaillés à la fourchette ou au couteau pour obtenir des motifs. Le gâteau sera plus décoratif si vous le glacez généreusement. Les recettes suivantes permettent de glacer le dessus d'un gâteau rond ou carré de 20 cm. Pour en glacer également les côtés, doublez les quantités indiquées.

Crème au beurre et au miel

60 g de beurre doux
1/3 de tasse de sucre glace tamisé
2 à 3 cuil. à café de miel

1. Avec un batteur électrique fouettez le beurre et le sucre glace. Ajouter la poudre de cacao.

2. Glacer généreusement le sommet du gâteau.

Crème au beurre et au chocolat

60 g de beurre doux
1/2 tasse de sucre glace tamisé
2 cuil. à soupe de cacao
2 cuil. à café de lait

Crème au beurre et au double chocolat

60 g de beurre doux
1/3 de tasse de sucre glace tamisé
60 g de chocolat noir, fondu (2 carrés)

Crème au beurre et au citron

60 g de beurre doux
1/3 de tasse de sucre glace tamisé
2 cuil. à café de zeste de citron râpé finement

Crème au beurre et à l'orange

60 g de beurre doux
1/3 de tasse de sucre glace tamisé
2 cuil. à café de zeste d'orange râpé finement

Méthode

Au batteur électrique, travailler le beurre et le sucre glace jusqu'à consistance légère et crémeuse. Ajouter le reste des ingrédients et continuer à battre jusqu'à ce que le tout soit lisse.

Glaçages au fromage

Molles et onctueuses, ces garnitures s'harmonisent parfaitement avec le zeste de citron ou d'orange. Élément essentiel de la préparation au glaçage : maintenir le fromage à température ambiante. Le fromage à la crème allégé est tout aussi délicieux et permet de diminuer le taux de graisse.

Battez le fromage et le sucre glace. Ajoutez l'aromatisant.

Glaçage au fromage et au citron

100 g de fromage frais
3/4 de tasse de sucre glace tamisé
1 à 2 cuil. à café de zeste de citron râpé finement
2 cuil. à café de lait

Glaçage au fromage et à l'orange

100 g de fromage frais
3/4 de tasse de sucre glace tamisé
1 à 2 cuil. à café de zeste d'orange râpé finement
2 cuil. à café de lait

Glaçage au fromage et au miel

100 g de fromage frais
3/4 de tasse de sucre glace tamisé
1 à 2 cuil. à café de miel chaud
2 cuil. à café de lait

Glaçage au fromage et aux fruits de la Passion

100 g de fromage frais
3/4 de tasse de sucre glace tamisé
1 cuil. à soupe de pulpe de fruits de la passion

Méthode

Au batteur électrique, travailler le fromage frais et le sucre glace pour obtenir un mélange léger et crémeux. Ajouter le reste des ingrédients et battre jusqu'à consistance lisse et onctueuse.

Nappages aux fruits

Les nappages aux fruits donnent aux gâteaux et aux tartes un aspect plus professionnel. La consistance doit être celle d'un sirop.

Chauffez ensemble le brandy et la confiture d'abricot. Versez.

Gelée de fruits

1/4 de tasse de confiture d'abricots, de fraises ou marmelade
1 cuil. à soupe de brandy ou de cognac

Dans une petite casserole, mélanger la confiture et le brandy. Portez lentement à ébullition en remuant. Retirer du feu. Napper le mélange en appuyant avec une cuillère de bois. Utiliser la gelée alors qu'elle est encore chaude.

Glaçages au chocolat

Glaçage onctueux au chocolat

60 g de beurre doux
90 g de chocolat noir haché (3 carrés)
1 cuil. à soupe de crème 35 %

Faire fondre le beurre, le chocolat et la crème au bain-marie. Faire cuire à feu doux tout en remuant jusqu'à ce que le mélange soit lisse. Laisser légèrement refroidir pour étaler le mélange plus facilement. Glacer le gâteau avec un couteau à lame large ou une spatule.

Sauce au chocolat

90 g de chocolat noir haché (3 carrés)
1/3 de tasse de crème 35 %
60 g de beurre doux

Mélangez délicatement le chocolat fondu, le beurre et la crème.

Faire fondre le chocolat et la crème au bain-marie. Cuire à feu doux tout en remuant jusqu'à ce que le mélange soit lisse. Laisser légèrement refroidir, puis verser sur le gâteau.